AF232084

DE L'EMPIRE GREC,

ET

DU JEUNE NAPOLÉON.

Art. 5. Les puissances contractantes ne chercheront aucune augmentation de territoire, aucune influence exclusive, aucun avantage commercial pour leurs sujets, au détriment des sujets d'aucune autre nation.

(Traité du 6 juillet 1827.)

PARIS.

A. MESNIER, LIBRAIRE, PLACE DE LA BOURSE;

PÉLICIER ET CHATET, LIBRAIRES,
PLACE DU PALAIS-ROYAL, PRÈS DU CAFÉ DE LA RÉGENCE.

1828.

IMPRIMERIE DE PLASSAN ET Cᴵᴱ,
RUE DE VAUGIRARD, Nº 15.

AVANT-PROPOS.

Celui qui écrit ceci ne se flatte point de rappeler cette voix perdue dans la foule, qui, lorsqu'on posait l'obélisque de Saint-Pierre de Rome, fit cesser l'embarras des plus grands architectes du temps; mais, spectateur obscur de la longue indécision des cabinets sur les affaires d'Orient, il a du moins la certitude que le nom qu'il prononce ne vient troubler aucune de ces combinaisons profondes, dont la justesse et la vigueur dominent tout à coup les complications les plus inquiétantes.

La Porte, malgré ses succès, marche vers sa ruine : derrière elle, la Russie apparaît menaçante. De si grands événemens appellent de grandes déterminations.

Quand, miné dans ses fondemens, un édifice est prêt à s'écrouler sur ceux qui, trompés par l'apparence, se fieraient à sa durée, on l'abat et on le reconstruit. Le temps paraît venu de mettre l'Orient en des mains capables de le garder et de le civiliser.

La marche qu'on propose ici aurait l'avantage d'être assurée et rapide : on saurait immédiatement vers quel but on doit tendre et quelle route on doit tenir : c'est souvent le seul moyen d'arriver à temps.

Les personnes qui voudront bien ne pas s'arrêter au titre de cet écrit, resteront convaincues, on ose l'espérer, qu'en s'occupant d'un des plus grands intérêts de l'Europe, l'auteur avait le cœur plein de ceux de la France, telle qu'elle est aujourd'hui constituée.

DE L'EMPIRE GREC,

ET

DU JEUNE NAPOLÉON.

Quoique la liberté de l'Occident soit plus près de vivifier la Russie que les armes de celle-ci ne le sont d'op-
primer l'Occident, l'étendue de territoire et de population, l'organisation armée de cette puissance, fixent avec
raison l'attention générale : l'Europe, qui veut d'autres
garanties de sa sécurité que la sagesse et la modération
des czars, considère avec inquiétude l'affaissement de la
puissance ottomane. Elle s'était accoutumée à voir dans
ce pays barbare un rempart de la civilisation ; mais les
temps sont passés où les peuples défendaient leur indépendance en mettant des déserts entre eux et leurs
ennemis. Depuis cent quarante ans, les forces de la Russie augmentent sans cesse, et celles de la Turquie décli-
nent. L'équilibre est désormais rompu; quelles que soient
les vicissitudes d'une lutte acharnée, elles ne font qu'aug-
menter la disproportion des forces : pour conjurer les
conséquences de cet état de choses, les hommes d'état
de l'Europe n'ont su, jusqu'à présent, que gagner du
temps, laissant à la fortune le soin de l'employer. Le
traité du 6 juillet 1827 n'a point fait exception à cette
politique expectative. L'affranchissement de la Grèce

semblait être le prélude d'un incendie qui pouvait embraser l'Europe; il y a sans doute eu beaucoup d'habileté à obliger, par un engagement réciproque, la Russie à s'interdire, à cette occasion, aucun agrandissement en Orient; mais ce traité insuffisant ne pouvait être, aux yeux de l'homme supérieur qui dirigeait alors le cabinet de Londres, qu'un précédent pour empêcher la Russie d'agir isolément dans les autres questions qui devaient se présenter à la suite de celle-ci, et faire tourner au profit des intérêts européens la catastrophe qui menaçait le Croissant. La Porte n'est point tombée dans le piége; ne pouvant trouver de salut que dans les dissensions des cabinets, elle s'est hâtée de séparer la Russie de la cause commune, en l'engageant, par une provocation directe, dans une guerre dont tous les résultats sont menaçans pour les autres peuples de l'Europe; s'ils ne se lèvent pas pour sa défense, elle semble léguer à son ennemie le soin de les punir. Il était difficile de réunir plus d'adresse et d'audace; ce plan abonde en chances de succès; mais à quoi pourraient-ils conduire, si ce n'est à replacer l'Orient dans une position un peu moins rassurante que celle où il se trouvait il y a deux ans, et à reproduire un peu plus tard les embarras dont nous sommes aujourd'hui témoins? Telle ne saurait être la politique des rois. Au bord de cette arène, où sont menacées d'être entrainées toutes les armées de l'Europe, ils doivent songer à fonder en Orient autant de gages de sécurité qu'on y découvre aujourd'hui de motifs d'alarmes.

Si, après avoir fait la part de la pitié mêlée d'admiration qu'inspirent les souffrances et l'héroïque dévoûment des Grecs, on cherche à prévoir quels seraient les effets ultérieurs de la reconnaissance d'un état plus ou moins indépendant, formé au sud-ouest de la Turquie d'Europe, on ne peut se défendre de quelque inquiétude sur l'avenir d'un équilibre que nous ne sommes pas accoutumés à considérer d'un œil indifférent. La Russie s'arrêtât-elle au Danube, fît-elle même aujourd'hui la guerre, sans songer à aucun agrandissement de territoire, l'indépendance de la Grèce commence le démembrement de l'empire ottoman, suscite sur ses flancs un ennemi toujours prêt à provoquer des interventions armées et à se réunir à ses assaillans; elle lui ôte sa consistance et le laisse mutilé, isolé des intérêts qui, jusqu'ici, ont fait sa conservation, comme une proie réservée à l'ambition de la Russie. La paix dont jouit l'Occident, l'union que des circonstances uniques dans l'histoire ont maintenue depuis quinze ans entre les souverains, la sécurité qu'inspire la politique éclairée et loyale de l'empereur Nicolas, ont pu dissimuler combien cette combinaison compromet les garanties que l'Europe a cherché à fonder sur les rives du Bosphore; mais l'illusion ne doit pas aller jusqu'à renvoyer la fixation de l'état de l'Orient à quelque époque d'agitations politiques, au milieu desquelles cette question se produirait avec d'autant plus de certitude, que les circonstances en rendraient la solution plus difficile et plus dangereuse.

La clairvoyance, dont le contact immédiat de la Porte et de la Russie fait au cabinet de Vienne une nécessité, ne permet guère de supposer que ces conséquences du traité de Londres lui soient échappées, et l'on s'est trop hâté d'accuser ses intentions, quand ses actes pouvaient recevoir une explication si conforme aux intérêts de l'humanité et aux siens propres (1). Peut-être le jour n'est-il pas loin où l'on bénira l'Autriche de ce que, grâce à elle, toutes les grandes puissances de l'Europe ne se sont pas arrêtées à un arrangement essentiellement provisoire, et dont aucune intelligence humaine ne saurait prévoir le dénoûment.

Si le traité de Londres compromettait gravement la stabilité de l'Europe, il n'assurait en aucune façon le repos et le bonheur de la Grèce : les formes républicaines sous lesquelles s'est constitué ce pays n'y garantissent que le désordre et l'anarchie. Il est pénible de tenir un pareil langage sur la patrie de Miltiade et d'Aristide ; mais la voix de nobles souvenirs ne saurait faire taire celle de faits présens. Malheureusement, l'énergie, le patriotisme, ne sont pas tout pour assurer les républiques ; rien de tout cela ne manquait à la nôtre ; on mourait à bord du *Vengeur* aussi glorieusement que sous les décombres de Missolonghi. Mais, dans un gouvernement où tout se fait par les masses, il faut que les masses soient éclairées et modérées ; et si nous n'avions pas contracté, sous le sceptre des Bourbons, ces mœurs qui, sous un autre hémisphère, faisaient des Franklin et des Washington, il serait étrange

---

(1) Il ne peut être ici question d'excuser quelques cruautés subalternes, que leurs auteurs ont peut-être considérées comme des représailles d'actes commis par des corsaires grecs : ce sont là des crimes individuels. On a officiellement démenti la présence de bâtimens autrichiens dans la flotte détruite à Navarin : si cela ne convainc pas tout le monde de la fausseté de l'assertion, les incrédules reconnaîtront du moins que l'Autriche trouverait honteux un fait qu'elle désavoue.

que les Grecs s'en fussent pénétrés sous la protection du grand eunuque noir de Constantinople (1). Les Grecs n'ont pas su s'entendre lorsqu'en présence de leurs bourreaux l'union était la condition de leur existence : qu'attendre d'eux lorsque l'éloignement de l'ennemi commun laisserait un libre cours à toutes les rivalités, à toutes les passions? La faiblesse d'un État isolé formé de la Grèce propre était si bien sentie, que, dans les arrangemens de Londres, on avait cru devoir exiger que tous les musulmans en quittassent le territoire (2) : la population de cet État aurait été de 1,800,000 âmes, et on la trouvait compromise par la présence de 250,000 Turcs, qu'on eût chassés de leur patrie et de leurs propriétés. Il faut, pour conserver le droit de punir la barbarie de la Porte, se garder de positions où de pareilles mesures sont des nécessités. Nous avons vu, de nos jours, la liberté compromise en Suisse par les susceptibilités des grandes puissances voisines; nous avons vu le sort des républiques cisalpine, cispadane, parthénopéenne : la Grèce ne serait ni assez forte pour faire respecter son indépendance, et présenter par là aucune garantie à l'Europe, ni assez

(1) On sait que la ville d'Athènes était placée sous la protection de cet eunuque.

(2) Article 2 du traité du 6 juillet 1827 : « Afin d'opérer une séparation complète entre les individus des deux nations, et de prévenir » toute collision, conséquence inévitable d'une lutte aussi longue, les » Grecs entreront en possession des propriétés turques situées sur le » continent et dans les îles de la Grèce, sous la condition d'indem-» niser les anciens propriétaires, soit en leur payant une somme an-» nuelle qui serait ajoutée au tribut qui doit être payé à la Porte, » soit par toute autre transaction. »

faible pour qu'on pût l'oublier, comme la république de Saint-Marin. L'obligation qui lui serait faite de réprimer les pirates de l'Archipel, la nécessité de se défendre des entreprises de ses anciens maîtres, la rangeraient promptement sous quelque protection de la nature de celle que la Russie a jadis accordée à la Pologne, ou que l'Angleterre impose aux îles Ioniennes. Heureuse si, agitée, et d'une nationalité incertaine, elle ne réunissait pas tous les maux d'une république faussée dans son principe, à ceux de la domination étrangère et des guerres dont elle serait le théâtre et l'objet ! La sécurité qu'inspirerait son avenir pourrait se mesurer au nombre d'habitans de l'ouest de l'Europe, qui consentiraient à transporter dans un pareil pays leurs familles et leurs fortunes.

Quoi qu'il en soit, l'abolition du joug ottoman en Grèce est aujourd'hui un fait consommé : d'un autre côté, la guerre a trop profondément entamé le nord-est de la Turquie, pour que le Croissant reparaisse jamais sur la rive gauche du Danube. Toutes les garanties du repos de l'Europe sont détruites ou compromises en Orient : soutenir encore la Porte, ce serait vouloir ranimer un cadavre. Mahmoud II et Hussëin-Pacha passeront, mais non pas le mal organique dont elle est attaquée; elle ne saurait survivre à un revers, et ses victoires usent ce qui lui reste de vie; car l'énergie de l'irritation et du désespoir n'est pas celle de la force. Si la guerre cessait aujourd'hui, les Russes n'en seraient que plus sûrs de la reprendre bientôt avec plus d'avantage, et d'occuper un jour le vide que la Porte est prête à laisser à côté d'eux. L'évidence de cet état de choses domine toutes les combinaisons diplomatiques : il ne peut plus être question de recrépir un édifice miné dans tous ses fondemens; il faut y substituer d'autres garanties, et, malheureusement, le traité de Londres laisse tout à faire à cet égard.

Peu de temps avant la révolution française, les conséquences inévitables de l'état rétrograde de la Porte avaient fixé l'attention de plusieurs cabinets, et l'on assure qu'il existe dans nos archives diplomatiques un projet de partage convenu entre la France, l'Autriche, l'Angleterre et la Russie. Pendant les quarante années qui ont passé sur ce projet, nous avons vu des États se dissoudre et se recomposer, des provinces changer de capitales, et les événemens ont plus d'une fois prouvé combien les agrandissemens qui n'étaient pas fondés sur les véritables intérêts des peuples ajoutaient peu à la puissance des couronnes, combien souvent ils en compromettaient le repos et la sûreté. L'histoire de Napoléon en a fourni de grands exemples : sa politique à l'égard de la Pologne et de l'Italie, est, sans doute, une des principales causes de sa chute. Si, au lieu de morceler ces deux pays, il en eût fait deux puissances indépendantes et compactes, la Pologne eût été une barrière pour la Russie, et l'Italie pour l'Autriche. Les motifs et les moyens eussent manqué aux agressions contre ces deux empires. Assez fortes pour maintenir leur indépendance, l'Italie et la Pologne auraient assuré la paix de l'Europe.

Une portion dans la Turquie d'Europe, avec les Russes pour voisins, n'est pas beaucoup plus désirable pour l'Autriche, que ne le serait pour la France la possession d'une partie du Piémont ou du royaume Lombard; elle y rencontrerait tôt ou tard les Russes, comme elle nous trouvait dans d'autres temps sur les champs de bataille de la vallée du Pô et des Pays-Bas; elle doit considérer qu'il y a plus d'affinité entre les races Slaves de la Russie et de la Hongrie, qu'entre nous et les peuples des États héréditaires qui confinent avec l'Italie; qu'ainsi, une guerre malheureuse à l'Est aurait pour elle de tout autres conséquences que ses défaites au pied des Alpes rhé-tiennes. Des provinces dans le Levant ne seraient pour la France qu'une charge excessivement onéreuse, et l'on ne pourrait rien lui offrir de ce côté qui compensât les nouveaux agrandissemens que prendraient la Russie et l'Autriche. L'accord momentané qui pourrait exister entre ces deux puissances lui imposerait peut-être l'obligation de reprendre son ancienne limite du sommet des Alpes, et d'adopter, à l'égard de l'Italie, la politique qui aurait dû être celle de Napoléon. Qui peut calculer les résultats d'une pareille conflagration! Ils ne seraient sans doute pas tous déplorables. L'Europe s'est, depuis quinze ans, divisée, indépendamment de toutes les circonscriptions politiques, en deux grandes nations, les amis et les ennemis de la liberté. Tous les hommes qui pensent de même sont aujourd'hui compatriotes. La liberté serait, dans une lutte générale, une alliée si puissante, que la nation qui l'inscrirait franchement sur ses bannières finirait nécessairement par être l'arbitre de toutes les autres. Cette alliance ne serait pas plus dédaignée aujourd'hui qu'elle ne l'a été en 1814; les chefs de la coalition de cette époque savent quelle force leur ont prêtée des promesses qu'on leur rappellera peut-être un jour avec amertume. Il n'y a là pour la France aucune raison de redouter la guerre; mais si le cabinet de Vienne considère la marche si peu conforme à l'esprit des peuples qu'il a suivie depuis quinze ans, il ne doit pas souhaiter un événement qui, bon gré, mal gré, donnerait la parole à ceux-ci.

Les efforts de l'Autriche pour prévenir le démembrement de la puissance ottomane prouvent assez qu'elle comprend sa position : l'existence d'un pays indépendant et respecté à son point de contact avec la Russie est une condition de sa sécurité, pour ne rien dire de plus. La Porte ne remplit plus cette destination; ainsi, l'Autriche ne ferait que se montrer conséquente avec elle-même, en concourant à mettre ces vastes contrées entre des mains capables de les garder, en un mot à constituer un empire chrétien sur les débris de l'empire ottoman.

Les intérêts de la France et de l'Angleterre sont, sous ce rapport, tellement identiques avec ceux de l'Autriche, que leur coopération ne pourrait lui manquer.

Elle a déjà de fortes raisons de compter sur celle de l'Angleterre. La Russie cherche à agrandir l'une par l'autre sa puissance territoriale et sa puissance maritime, et la Grande-Bretagne n'est pas moins intéressée à contenir la seconde, que l'Autriche à mettre des bornes aux envahissemens de la première. Ce n'est point par affection pour le Grand-Seigneur que, depuis un an, la politique à suivre à l'égard de l'Orient a paru hésitante à Londres. Les successeurs de M. Canning, incertains dans leur marche, ou voués à un système différent du sien, ne pouvaient continuer son ouvrage : l'embarras du provisoire où cet homme d'état avait laissé les choses, les a dominés; mais l'improbation élevée qui a répudié la gloire de Navarin n'est autre chose que l'aveu des craintes qu'inspire le démembrement de l'empire ottoman. La régénération du Levant concilierait d'autant mieux les sentimens généreux dont est animé le peuple anglais et l'attention du cabinet de Saint-James à ne pas compliquer sa situation dans la Méditerranée et dans l'Inde, que les intérêts commerciaux du royaume-uni y trouveraient leur compte.

La Turquie d'Europe et l'Asie mineure, sur une étendue de 53,000 lieues carrées, n'ont pas plus du tiers de la population qu'elles pourraient nourrir. L'âge des manufactures est encore éloigné pour cette terre si riche en matières premières; son plus grand moyen de richesse et de civilisation serait de faire de ses ports le bazar de l'ancien monde, et d'en appeler tous les peuples au partage de ses avantages naturels. Maîtresse des stations de Gibraltar et de Malte, forte de l'avance que lui donnent la supériorité de sa marine et la masse de ses capitaux, l'Angleterre ne doit-elle pas souhaiter de voir les besoins de l'Occident se répandre parmi une population supérieure à celle des États-Unis, et sur un sol de produits si différens des siens?

L'Angleterre n'est pas non plus la puissance qu'intéresse le moins le vaste champ d'émigration qui s'ouvrirait en Orient : il lui faut chercher au loin des remèdes à la plaie de l'Irlande; car ce serait une grossière erreur que d'espérer la guérir par la seule émancipation catholique. Le mal de l'Irlande, c'est la misère, c'est la dime, c'est la concentration de la propriété, c'est un million d'individus qui ne souffriraient pas moins de la faim, quand une centaine de catholiques siégeraient au parlement : si ce malheureux pays occupait sérieusement les forces du gouvernement, il est probable qu'on verrait bientôt la réforme radicale faire diversion en Angleterre. Les demandes de réforme et d'émancipation ne sont que l'expression de souffrances plus profondes, et que n'éprouvera jamais la France avec sa division de la propriété. La durée d'une génération ne suffirait pas pour en extirper les causes; mais, avec du temps, la Grande-Bretagne peut encore prévenir les bouleversemens dont le germe est en elle; il lui serait facile de concerter avec un gouvernement aussi intéressé à distribuer des terres à ses pauvres, qu'elle à se débarrasser d'eux, des transmigrations plus économiques et plus attrayantes que celles de la Nouvelle-Hollande et du Canada; le commencement de transfusion de la population nécessiteuse, la nouvelle impulsion donnée au commerce, et plus encore la perspective d'un meilleur avenir, permettraient de faire à loisir une application efficace des mesures d'ordre et de pacification qu'exige l'état de l'Irlande, et dont la nécessité se fera peut-être bientôt sentir même en Angleterre.

La France est assez heureuse pour n'avoir à chercher son bonheur et sa puissance que dans les véritables intérêts des autres peuples; sa politique franche et généreuse à l'égard de la Grèce est une conséquence de son état intérieur, et l'étranger la juge comme elle se juge elle-même. La preuve en est dans l'influence qu'exerce au dehors l'esprit dont elle est animée. La France ne peut souhaiter dans l'Orient que des débouchés à son commerce, et l'extension de son crédit politique; tous les intérêts de cette contrée la portent à rechercher notre alliance; nous avons sur la Russie et l'Autriche l'avantage de ne pouvoir jamais avoir, sur ce qui la touche, des intérêts opposés ou même différens des siens; nous avons tout à gagner et rien à perdre à sa prospérité et à son indépendance; la civilisation ne ferait qu'y développer l'intensité des causes qui, de tout temps, on fait de la Porte l'alliée naturelle de la France.

Toutefois, le cours qu'ont pris les événemens, et surtout le voisinage, attribuent incontestablement à la Russie l'influence prédominante sur les destinées de l'Orient. Nous disons prédominante et non pas exclusive; car, si les prétentions de la Russie devenaient menaçantes pour la France, l'Angleterre et l'Autriche, il n'est pas douteux qu'une intervention sincère de ces trois puissances ne tranchât bientôt la question, la Prusse voulût-elle même jouer contre la Lorraine ses provinces de la rive gauche du Rhin. Nous n'en sommes heureusement à discuter rien de semblable ; mais les vues ambitieuses que de nombreux précédens autorisent à supposer à la Russie, permettent de faire, pour un moment, abstraction du caractère de l'empereur Nicolas, et de calculer le jeu d'intérêts et de passions vulgaires, là où nous sommes assez heureux pour apercevoir la politique la plus généreuse et la plus éclairée.

En Russie, et le grand malheur des czars est la difficulté de changer cet état de choses, en Russie, le gouvernement est despotique ; si la cour et l'armée n'y forment pas la nation, c'est du moins dans ce cercle que se renferment toutes les influences politiques, et la politique d'envahissement a, de tout temps, été celle des États ainsi constitués. Indépendamment de ce que la possession d'une armée de 700,000 hommes est la meilleure de toutes les raisons de faire la guerre, la différence est si grande entre les coteaux fleuris du Bosphore et les sables glacés de la Néva, entre le soleil de Buyukdéré et les brumes de Czarskoë-Selo, qu'il n'est pas permis à des gens de courage et de bon goût d'hésiter à risquer quelque chose pour déterminer l'échange. Quand une si brillante perspective est embellie des titres de vengeurs de la Grèce et de l'humanité, une jeunesse pleine d'un généreux enthousiasme peut se faire illusion sur les difficultés et les suites de l'entreprise; mais si l'on considère le peuple russe en lui-même, les choses prennent un aspect bien différent. L'Europe restât-elle spectatrice oisive des événemens, que résulterait-il de la grande révolution qui fixerait l'aigle russe sur la Propontide, si ce n'est la dépréciation immédiate des vastes contrées qui s'étendent de la mer Noire à la mer Glaciale? Le nouvel empereur d'Orient serait obligé d'arracher les germes de civilisation à peine éclos dans ses provinces actuelles, pour les transplanter sur un sol que la servitude flétrit depuis quinze siècles; car, dans cette hypothèse, il faudrait peu compter sur les immigrations de l'Occident. Ce serait aux sommités sociales qui se sont formées de la Néva au Dniester et au Wolga à venir défendre et civiliser le Bosphore : si elles s'y transportaient en masse, la Russie actuelle ne redescendrait-elle pas pour long-temps vers son ancienne barbarie? Si elles se partageaient, que deviendraient entre les mains de ceux qui resteraient les droits du trône transféré à Constantinople? Nous voyons les conspirations s'ourdir dans les palais et sous les yeux mêmes des czars : qu'arriverait-il, s'ils étaient retenus à 8oo lieues de Pétersbourg, si l'ambition des grands pouvait s'appuyer sur les vœux d'un peuple désaffectionné, contre un pouvoir qui ne maintiendrait sa suprématie que par l'affaiblissement du pays? Si l'Europe pouvait ne pas être ébranlée de pareilles catastrophes, les ennemis de la Russie devraient souhaiter de lui en voir prendre la route.

Mais du moment où la Russie, qui a si peu besoin d'a-
grandissemens, voudrait renverser la seule barrière qui
l'empêche de troubler l'Europe à son gré, les projets que
dévoileraient ses efforts n'inspireraient pas moins d'énergie pour la refouler chez elle, qu'il ne s'en est trouvé en
1813 et 1814 pour détruire une autre puissance, qui, le
Code civil à la main, apportait, même à ses ennemis, des
germes féconds d'améliorations : tous les regards se tourneraient vers la Pologne, si lâchement et si imprudemment
sacrifiée. Les Russes, qui n'ont pas de Napoléon, et qui ne se
sont jamais trouvés seuls contre l'Europe, ne méconnaî-
tront pas en eux-mêmes et dans les autres, en nourris-
sant des projets d'asservissement de l'Orient, combien
est irrésistible la force des grands intérêts des peuples.

Telle ne saurait être la politique de la Russie ; elle n'a
plus besoin d'enlever des lambeaux de ses voisins, comme
les premiers Romains enlevèrent les Sabines ; il n'existe
qu'un seul obstacle à sa grandeur, c'est cette plaie de
la servitude dont le remède n'est certainement pas pour
elle en Turquie ; rien de ce qui blesse les intérêts géné-
raux de l'Europe et de l'humanité n'est plus dans ceux
de ce vaste empire : ses hommes les plus éclairés, le
plus puissant d'entre eux à leur tête, en sont profondément convaincus. Peupler des provinces désertes, établir et perfectionner la navigation intérieure de la Baltique au Pont-Euxin, lier par des routes les villes iso-
lées, changer enfin des esclaves en citoyens, voilà les
conquêtes qui importent à la Russie, et qui ne mettent
point à la merci des événemens sa gloire et sa prospérité.

Ses provinces méridionales ont surtout besoin du contact immédiat et fréquent de la civilisation , et de l'émulation qu'il fait naître. Ce n'est que par l'indépendance que Constantinople peut devenir un véritable foyer de commerce et de lumières ; la Russie y trouverait une source de progrès , dont elle peut apprécier l'avantage, en calculant ce que ses côtes sur la Baltique perdraient à l'anéantissement de la prospérité de Londres et des villes anséatiques. Il est aujourd'hui bien reconnu que le peuple Anglais a beaucoup gagné , et n'a rien perdu à l'affranchissement de l'Amérique du nord; son commerce avec ces contrées a pris un prodigieux essor par le développement de leur prospérité : ce grand résultat indique au cabinet de Pétersbourg sous quel point de vue il doit considérer la réciprocité de besoins et de ressources qui existe entre la Turquie d'Europe , l'Asie mineure et les bassins du Wolga, du Dnieper et du Don.

Si, d'ailleurs, la parole des souverains mérite quelque foi , l'établissement d'un empire chrétien en Orient est le seul moyen de concilier les vues annoncées par la Russie , avec la justice et la paix de l'Europe. La Russie a déclaré qu'elle ne prétendait à aucun agrandissement de territoire, et, dans le fait, une indemnité de ce genre, inquiétante pour ses voisins, a bien peu de prix pour elle. D'un autre côté, on ne peut lui contester, ni une large indemnité pour les frais d'une guerre dont les fruits seraient recueillis par l'humanité tout entière, ni les garanties qu'elle demande de la libre navigation du Bosphore. La Porte ne se considère pas comme liée par les traités, et certainement l'état de ses finances et de son crédit ne lui permet d'indemniser qui que ce soit; or , la libre navigation du Bosphore serait certainement assurée par un trône fondé sous la médiation de toutes les puissances de l'Europe. Le moyen de prospérité le plus certain et, ce qui est ici d'un grand poids, le plus prompt que pût s'assurer le nouvel empire, serait de faire de la navigation de l'Archipel et du Pont-Euxin un droit et un besoin pour tous les peuples commerçans ; leurs intérêts seraient solidaires de ceux de la Russie, et aucun peuple n'aurait autant de motifs de maintenir cette liberté, que le peuple grec lui-même. Quant à l'indemnité, le nouveau gouvernement trouverait facilement dans les ressources stériles sous la main des Turcs, et dans le crédit qui s'asseoirait auprès de son berceau, les moyens de la solder ; la Russie a besoin de s'élever et non pas de s'étendre ; l'intensité lui manque plus que la superficie ; il lui importe bien moins de fortifier des frontières plus reculées et plus exposées, aux dépens de ses provinces actuelles, que de vivifier celles-ci par de nouvelles ressources et de nouveaux capitaux.

Il est facile de démontrer la nécessité de remplir le vide que la puissance ottomane laisse au sud-est de l'Europe, et de mettre sur le trône de Constantinople un prince qui, appuyé sur les neuf millions de chrétiens répandus des deux côtés du Bosphore, fort de l'amitié de ses voisins, serait pour tous un garant de paix, et fonderait sur cette large base la prospérité de ses États.

Mais quel serait ce prince ? Un Russe ? L'Autriche et l'Angleterre trouveraient le remède pire que le mal ; et d'ailleurs, quel élément de désordres intérieurs que les haines nationales qui s'attacheraient à sa personne ! Un Autrichien ? La Russie ni la France ne pourraient l'accepter. Un Bourbon ? La même maison ne peut être mai-

tresse de presque tous les rivages civilisés de la Méditerranée, et l'Autriche ne saurait la voir à la fois si près de
la Hongrie et de l'Italie. Un Anglais? L'Angleterre est
assez puissante dans la Méditerranée, et la Russie ne peut
pas souffrir le Bosphore en de pareilles mains. Ici se ré-
veillent toutes les rivalités, toutes les exclusions sur lesquelles repose, depuis un siècle, l'existence anti-sociale de
la Porte.

Où trouver celui qu'elles ne repousseraient pas, qui,
de toutes les parties de l'Europe, appellerait à lui les immigrations nécessaires pour renouveler la face de ce beau
pays, sans qu'aucune nation y usurpât une influence exclusive, dont le nom inspirerait à la nation vaincue respect et sécurité?.... Ce prince, nous le croyons, est le fils
de Napoléon; et, si nous ne nous faisons pas illusion,
l'avantage immédiat de rendre parfaitement simple et
rassurante une position aussi inquiétante que compliquée,
ne serait pas le seul qu'offrît ce choix à l'Orient et à
l'Europe.

Au premier coup d'œil, il paraît hardi de penser que
les souverains de l'Europe puissent jamais s'entendre pour
relever la gloire d'un nom qui leur a causé tant de cruelles
insomnies, et qu'on a présenté, depuis que celui qui l'a
fait retentir n'est plus redoutable, comme le mot de ral-
liement de tous les ennemis des trônes.

L'élévation du fils de Napoléon ne semble certainement devoir rencontrer dans aucun cabinet une opposi-
tion plus vive que dans celui des Tuileries; mais si l'on
ignorait dans ce cabinet que les idées d'ordre et de liberté
ont aujourd'hui jeté d'assez profondes racines en France
pour que le duc de Reichstadt pût venir à Paris sans y

exciter d'autre sentiment que celui de la curiosité bien-
veillante qui l'accueillerait également à Londres , on s'y
souviendrait que , lorsque le premier consul voulut s'ôter
tout souci des droits des Bourbons au trône , il n'ima-
gina rien de mieux que d'offrir au chef de cette maison
une souveraineté étrangère. Si l'on y croyait l'Occident
menacé de quelques troubles, on aimerait à créer, à six
cents lieues de Paris, à celui qui pourrait en être le pré-
texte et à ses partisans, des travaux qui les absorberaient
pour une cinquantaine d'années. Au reste, depuis que la
maison de Bourbon a sérieusement voulu réunir en elle
la légitimité de la maison de Hanovre à celle des Stuarts,
il n'y a plus même lieu à discuter des considérations de
cet ordre, et l'on peut examiner tout à l'aise celles qui se
rattachent aux vrais intérêts du pays.

Les révolutions qui ont passé sur l'Europe n'ont pu
faire autrement que de laisser après elles une masse inquiétante d'ambitions trompées, de positions dérangées :
l'état de malaise qui survit à de semblables vicissitudes
a dû se montrer en France avec plus d'intensité qu'ailleurs; la lassitude où la révolution et les guerres de l'empire laissaient la génération dont elles furent l'ouvrage,
le besoin d'ordre et de liberté, la division des propriétés,
ont neutralisé parmi nous les fermens de troubles que le
passé pouvait léguer à une restauration. Quoi qu'il en
soit, les renouvellemens extraordinaires qu'ont subi le
personnel de notre armée et de nos trop nombreuses ad-
ministrations, ont laissé sans carrière une foule d'individus, ont changé l'avenir d'une multitude de familles : les
regrets de la gloire et de la grandeur du passé sont bien
loin d'être épuisés.

Ces circonstances ne sont point étrangères aux plaintes qu'on entend proférer sur l'encombrement de toutes les carrières, sur l'insuffisance de l'aliment que l'industrie elle-même offre à la génération qui s'avance : les nombreux intérêts qui étaient attachés à l'existence politique de Napoléon se tourneraient vers son fils; l'Orient trouverait à les accueillir un avantage évident. Ces émigrations n'enleveraient à la France que des superfétations industrielles et politiques. Si de nouvelles garanties de sa sécurité étaient nécessaires, elle les y trouverait, et cette considération rendrait plus hardis à marcher dans les voies constitutionnelles beaucoup d'hommes de bonne foi, qui ne se sont peut-être éloignés des idées nouvelles que parce qu'ils ont cru y voir une arrière-pensée de retour au régime renversé. Il y aurait peu de clairvoyance à conclure du repos dont jouit le pays qu'il n'existe plus de parti bonapartiste; on ne peut compter un parti que le jour où il y a de l'avantage à en être; et les espérances qui luiraient en Orient y attireraient peut-être beaucoup plus de monde qu'on ne le pense communément. Le seul reproche qu'on ait peut-être épargné au régime impérial, c'est que toutes les vues et toutes les inspirations n'y aient pas été éminemment françaises. Ceux qui y furent attachés emporteraient en Orient l'esprit et les besoins de la France, et y serviraient la mère-patrie plus efficacement qu'il ne leur est donné de le faire sur son propre territoire. Les relations nombreuses qui s'établiraient autour d'eux satisferaient bien autrement que l'Amérique du Sud à ce besoin de débouchés qui tourmente notre agriculture et notre industrie.

La population qui se presse dans la partie de l'Italie

échue à l'Autriche, veuve de sa gloire et de sa nationalité, n'a point été consolée par la liberté. Le royaume lombard-vénitien en est encore à l'esprit de 1816 : la manière dont ses maîtres le gouvernent prouverait, au besoin, combien ils y comptent peu sur l'affection du peuple (1). Napoléon avait commencé à faire des Italiens une nation; et, peu habitués à voir des amis dans leurs maîtres, ils sont plus reconnaissans du bien qu'ils en ont reçu, qu'ils ne songent à lui reprocher celui qu'il a négligé de leur faire. Il n'est pas douteux que le nom de son fils n'appelât en Orient ce qu'il y a de plus énergique en Italie, et l'on peut ajouter, ce que l'Autriche y voit avec le moins de plaisir : plus l'émigration serait nombreuse, dans ces provinces, moins il resterait à la cour de Vienne de motifs d'y perpétuer un système de division, de méfiance et d'esclavage si différent de la douceur avec laquelle sont traités les États héréditaires et la Toscane. Les gouvernans et les gouvernés y gagneraient également.

Si l'Autriche a son Italie, la Russie a sa Pologne, et l'on a sans doute souvent pensé à Saint-Pétersbourg que les difficultés de la fusion des deux peuples ne seraient pas augmentées par l'éloignement volontaire de beaucoup des hommes les plus capables de cette France du Nord.

Les traces des révolutions de Naples et du Piémont iraient aussi se perdre dans l'Orient; et, tranquilles sur le retour des commotions qui ont récemment ébranlé leurs trônes, les souverains de ces belles contrées ne seraient plus détournés par le soin de surveiller et de punir, de

______

(1) Schiavi siam' si, ma schiavi ognor frementi !   ALF.

celui de fonder la fidélité des peuples sur leur reconnais-
ance et leur bonheur.

L'Espagne et le Portugal nomment la France et la
Grande-Bretagne dans toutes leurs misères. C'est un devoir que d'ouvrir une patrie à tant de généreuses victimes
d'une politique imprévoyante; il n'y a plus de haine
entre elles et la famille de Napoléon, depuis que les princes qu'il avait détrônés se sont chargés de la seule justi-
fication que pût recevoir son agression.

Le peuple anglais n'a point été complice des outrages
de Sainte-Hélène et de l'envieuse cruauté du ministère
Castelreagh : depuis qu'il n'a plus à le craindre, il ne lui
reste plus que de l'admiration pour Napoléon; l'entreprise dont le fils serait l'objet serait très-populaire en
Angleterre, et, par conséquent, très-facile à décider.

Ainsi, ce qu'on pourrait trouver de menaçant dans les
souvenirs attachés au nom de Napoléon, bien loin d'être
une raison d'exclure son fils du trône de la Grèce, est
précisément ce qui devrait l'y faire porter : il attirerait à
lui tous les hommes dont l'activité politique n'a pas pu
s'encadrer sous les anciennes dynasties, et l'on ne pourrait plus menacer celles-ci de cette masse de partisans
d'un nouvel ordre de choses qu'un homme d'État, ordi-
nairement clairvoyant, croyait naguère apercevoir prête
à se lever à la voix de l'Angleterre. Hâtons-nous d'ajouter
que le nom de Napoléon, environné d'une gloire militaire
qui a retenti dans tout l'Orient, est le seul dont les Turcs
comprissent la légitimité (1). C'est quelque chose que

(1) « Arsenios (le patriarche de Jérusalem) me parla des Turcs ; il
m'assura que l'Asie entière attendait l'arrivée des Français; que s'il

d'inspirer du calme et du respect à une population à laquelle d'autres seraient peut-être tenus de livrer une
guerre à mort. S'il est en même temps celui qui provo-
querait les plus nombreuses immigrations, et qui, par la
réunion de ces deux causes, assurerait le mieux la sécurité des États voisins et de celui qui s'asseoirait sur les débris de la Porte ottomane; si, à l'examen, les premières
objections qu'il provoque sont moindres que celles qui
s'éleveraient contre tout autre prince, pourquoi le fils de
Napoléon serait-il repoussé? Lorsqu'après la bataille de
Salamine , les capitaines grecs eurent à désigner celui
d'entre eux qui avait mérité les honneurs de la journée,
chacun se nomma le premier à l'exclusion de Thémistocle,
et nomma Thémistocle à l'exclusion de tous les autres,
Thémistocle fut proclamé (1).

paraissait un seul soldat de ma nation dans son pays, le soulèvement
serait général. On ne saurait croire à quel point les esprits fermen-
tent dans l'Orient. J'ai vu Ali-Aga se fâcher à Jéricho contre un
Arabe qui se moquait de lui, et qui lui disait que si l'empereur avait
voulu prendre Jérusalem, il y serait entré aussi aisément qu'un cha-
meau dans un champ de dourah. Les peuples d'Orient sont beaucoup plus familiarisés que nous avec les idées d'invasion, etc.. (oc-
tobre 1806.)

Chateaubriant, Itinéraire de Paris à Jérusalem.

(1) « De toute la famille, c'est le duc de Reichstadt que S. M.
(l'empereur François II) traite avec le plus de faveur et de tendresse.
On dirait qu'elle cherche à lui tenir compte des infortunes de son
père, et du mal que lui a fait l'Autriche. Rien de plus intéressant
que ce jeune homme. Ses traits sont mâles et doux : il ressemble à
Napoléon par la coupe du visage, et surtout par l'expression et les
contours de la bouche; il n'a de sa mère que les yeux. Il est impossible d'observer sans émotion cette figure jeune et noble, dont la
fraîcheur brillante se mêle et se voile, pour ainsi dire, d'une nuance

Cette transfusion paisible d'une population civilisée, rassurante pour les vieux États qu'elle quitterait, serait le plus sûr moyen d'établir l'ordre dans le Levant; il faut que l'influence morale que donnent les lumières s'y interpose entre les Turcs et les anciens habitans chrétiens, qu'elle inspire aux uns de la sécurité, aux autres de la modération.

D'après M. Hassel, il existe dans la Turquie d'Europe :

5,800,000 chrétiens du rite grec, Hellènes, Valaques ou Slaves ;

2,342,000 Turcs ou Osmanlis : c'est là tout ce qui reste de la population conquérante;

547,000 Tartares ou Arnautes, suivant la loi de Ma-

inexprimable de mélancolie et de réflexions profondément tristes. Ce n'est pas cette bonhomie et cet abandon familier, cet air d'aisance privé de dignité, qui caractérisent la plupart des princes de l'Allemagne; il y a quelque chose de plus fier, de plus concentré, dans la physionomie et l'extérieur du duc de Reichstadt.

» Le palais de Schœnbrunn lui appartient. Deux officiers prussiens s'y trouvaient le jour où nous visitâmes cette résidence. Ils témoignèrent le désir d'être présentés au duc de Reichstadt, et son chambellan repoussait d'un ton assez dur cette demande indiscrète, quand le prince lui-même sortit de ses appartemens, s'avança sur le perron, fixa ses regards sur les deux officiers, les considéra d'un œil immobile pendant quelques minutes; puis, s'écriant en français, du ton le plus significatif : *des Prussiens !* tourna la tête, descendît rapidement les degrés, s'élança sur son beau cheval arabe, présent de son grand-père, et partit. Quelques jours après, nous eûmes occasion de le voir à la tête de son escadron, et nous admirâmes la précision de commandement, la vivacité de coup d'œil qui annoncent déjà, chez ce fils du plus grand capitaine des temps modernes, l'héréditaire apanage du génie militaire. » (*Austria as it is.* London, Hurst, 1828. *L'Autriche telle qu'elle est.* Paris, 1828, Bossange).

8,689,000 hommet, sans faire politiquement cause commune avec les précédens ;
3 12,000 israélites ;
3 10,000 catholiques ;
85,000 Arméniens ;
80,000 Zigeunes ;

9,476,000 âmes.

Ainsi, les Turcs ne sont pas plus du quart de la population dans les États d'Europe : c'est là qu'il importe le
plus de les convaincre de leur infériorité, et la question
ne serait pas long-temps douteuse, si la force de l'organisation s'ajoutait à celle du nombre. L'Asie mineure, que
commande militairement Constantinople, passe pour avoir
cinq millions d'habitans, sur quoi trois millions sont mahométans, et trois millions Grecs ou Arméniens : la population musulmane est, en général, réunie dans les villes,
et par conséquent facile à surveiller, à contenir, à protéger. L'attitude qu'elle avait prise en Égypte pendant notre
expédition permet de penser qu'elle serait paisible (1) ,
pourvu qu'elle sentit à l'attitude ferme du gouvernement,
à sa justice, à sa tolérance, qu'elle ne pourrait que perdre
à être turbulente. Cependant la puissance ottomane

---

(1) Un des premiers actes de l'administration de Napoléon fut de
constituer la propriété et de la rendre, comme en France, incom-
mutable et transmissible. Un divan, sous la présidence de Mongo,
fut chargé de cette grande opération : les effets en furent tels, que
le pays lui-même semblait à l'abri de toute commotion, et que plus
tard la présence d'une armée de 80,000 hommes, commandée par
le grand-visir, ne détermina d'insurrection que parmi la population
fanatique du Caire.

n'était point frappée au cœur ; elle était debout, entourée d'alliés, appuyant toutes les révoltes ; l'armée française n'apportait avec elle ni les immigrations, ni le commerce ; aucun Français ne devint propriétaire ; l'esprit de retour était empreint dans tous les actes de notre occupation.

Le double objet de la sécurité de l'Europe et de la prospérité de l'empire grec ne devrait pas être perdu de vue dans la délimitation des frontières de celui-ci : ce serait s'en écarter beaucoup, que d'abandonner, comme l'a proposé un publiciste célèbre, la Moldavie et la Valachie à la Russie et à l'Autriche. Une pareille cession ne permettrait ni de refuser à l'Angleterre une partie de l'Archipel, ni de trouver mauvais que la France voulût recouvrer la Savoie, Genève, le Valais, Porentruy, sauf à indemniser le Piémont et la Suisse en Italie : ce choc de prétentions rivales ramenerait aux malheurs et à l'incertitude qu'il importe tant d'éviter ; d'ailleurs, ces deux provinces sont peuplées de 1,400,000 chrétiens, et leur séparation changerait le rapport de quatre chrétiens pour deux mahométans, qui existe aujourd'hui dans la Turquie d'Europe, en celui de trois contre deux : il n'est pas nécessaire d'insister beaucoup pour montrer toute l'importance du maintien du premier.

Constantinople est la capitale naturelle de l'Asie mineure, qui se trouve militairement dans la dépendance de l'Europe, comme elle se trouve commercialement liée au sort de la Grèce et des îles ; ainsi, les limites que l'antiquité avait assignées à cette contrée devraient être, en Asie, celles de l'empire grec. Il devrait comprendre l'Asie mineure et la Turquie d'Europe. Donner à chaque gouvernement la circonscription dans laquelle il peut exercer son action avec le plus d'avantage, c'est mettre toutes choses dans leur équilibre naturel : en politique comme en mécanique, il n'y a pas d'autre moyen d'assurer l'état de repos.

La Syrie, bornée au nord par le mont Taurus, à l'est et au sud par le désert, étendue le long de la Méditerranée, favorisée d'un climat salubre, d'un sol fertile et montueux, parsemée de peuplades accoutumées à détester la domination du Bosphore, la Syrie semblerait appelée, dans une division fondée sur les véritables intérêts des peuples, à former, avec Chypre et la Palestine, un État indépendant ; il peut d'ailleurs y avoir une utilité, qui, pour être fort éloignée, n'en est pas moins bonne à prévoir, à ce que le chemin de l'Inde par la mer Rouge ne soit jamais à la disposition des maîtres de la Propontide. Si l'on trouvait de la convenance à mettre ce pays entre les mains d'un prince européen, il en est un jeune, élevé à l'école du malheur, et dont le choix étoufferait le seul germe de discorde qui pût aujourd'hui troubler le Nord.

Par là, la puissance ottomane serait exclue de la Méditerranée, et la côte d'Afrique se ressentirait bientôt des grands événemens survenus dans son voisinage.

Il ne resterait de l'empire ottoman que les bassins du Tigre et de l'Euphrate. Ils pourraient servir de retraite à la race d'Othman, ou être abandonnés à la Perse : le premier parti dispenserait de réduire les Turcs au désespoir, et favoriserait des transfusions de population, réciproquement avantageuses ; le second donnerait à la Perse la consistance qui lui manque, et assurerait les relations amicales de l'Europe avec l'intérieur de l'Asie. De tous les États mahométans, la Perse est le mieux disposé à la civilisation ; en consacrant dans les provinces transférées la liberté des cultes et l'inviolabilité de la propriété, on développerait au sein de cette terre antique le germe de civilisation le plus fécond, après l'établissement du christianisme, qu'elle ait jamais reçu.

Ainsi se concilieraient les garanties de deux choses indivisibles, le repos de l'Europe et la prospérité de l'Empire grec.

Ce n'est pas ici le lieu de discuter quelle devrait être l'organisation intérieure du nouvel empire : avant d'organiser, il faut étudier les élémens dont on dispose, et considérer comment se manifeste la force de ceux qui en recèlent une véritable. Il suffira de dire qu'une occupation européenne, dont le pays paierait les frais, devrait protéger le berceau de cette conquête de la civilisation, jusqu'à ce que la maintien de l'ordre pût être confié à une force dont la population grecque, slave, albanaise, valaque, et quelques cadres tirés de l'Occident, fourniraient tous les matériaux ; il y aurait de l'habileté à y faire concourir, sous une forme et dans des proportions convenables, la population mahométane elle-même : la propriété devrait être assise et déclarée inviolable, la liberté des cultes complète ; la répression de toutes les violences, la protection la plus active accordée au commerce de toutes les nations, les soins donnés aux communications intérieures, seraient le meilleur véhicule des nouveaux intérêts à créer, des connaissances à répandre. Ce beau pays n'a contracté d'engagemens avec aucun des abus du système prohibitif ; ce serait le seul de l'Europe où le commerce serait complétement libre, et l'on peut dire que tous les peuples du monde, y trouvant une terre amie, seraient coalisés pour le policer.

L'Orient a plusieurs fois été témoin d'aussi grandes révolutions que celle qu'appellent aujourd'hui ses peuples. La grandeur et la simplicité de l'entreprise sont ce qui en fait la facilité : il est certainement plus aisé de s'entendre sur trois ou quatre points principaux qui consolident tous les intérêts actuels, et ne laissent aucune place aux dissensions futures, que de rapprocher, dans le moindre arrangement provisoire, des intérêts mesquins et les petites jalousies qui s'y rattachent. Le jour où les souverains consentiront à répéter avec la France, l'Angleterre et la Russie, *que les puissances contractantes ne chercheront aucune augmentation de territoire, aucune influence exclusive, aucun avantage commercial pour leurs sujets, au détriment des sujets d'aucune autre nation* (1); ce jour-là la moitié du chemin de Constantinople sera faite; et, confians dans l'avenir que garantiraient ces nobles paroles, les chrétiens de l'Orient et leurs futurs compatriotes se tendront mutuellement la main.

Le succès de l'exécution concertée entre les quatre grandes puissances de l'Europe, ne saurait être éloigné ni douteux. Les Turcs ne sont qu'une armée mal organisée, et qui n'a point de nation derrière elle; nous les avons mesurés en Égypte; Aboukir a vu 4,500 Français en anéantir 25,000; les 80,000 ennemis d'Héliopolis ont disparu devant 11,000 des nôtres (2), et personne n'était

____

(1) Article 5 du traité du 6 juillet 1827.

(2) Voilà sur quels exemples doit avoir les yeux l'armée de Morée.

pour nous dans le pays , et la mer était fermée, et l'avenir
était incertain. Ici l'Europe agirait tout entière : les mêmes Français qui ont occupé toutes les capitales de l'Europe, les mêmes armées qui, coalisées, ont deux fois en-
vahi la France, n'auraient pas besoin de grands efforts pour
se faire jour ensemble jusqu'à Constantinople ; à chaque
pas, des co-religionnaires, des opprimés, viendraient join-
dre leurs drapeaux libérateurs ; les janissaires, les Bosnia-
ques, les Albanais, qui firent long-temps la force de la
Porte, en sont aujourd'hui la terreur. Les musulmans
verraient la volonté de Dieu dans la voix unanime des
peuples, et le joug qu'on aurait brisé sur leurs têtes ne serait pas long-temps regretté sous la protection loyale dont
ils deviendraient l'objet en se résignant. Le crédit moral
qui s'attache à la force, lorsqu'elle se consacre, avec per-
sévérance et loyauté, à faire prévaloir quelque grand inté-
rêt social, la devance au bout de la carrière, et suffit pour
l'y conduire.

Qui pourrait donc arrêter les princes chrétiens ? La
force est entre leurs mains, le plus noble but que dans aucun temps il ait été donné aux hommes d'atteindre est
devant eux. Ils ont à choisir entre cette gloire pure et du-
rable et des tempêtes, qu'une fois déchaînées, aucun pouvoir humain ne saurait maîtriser ; entre la récompense
d'une politique généreuse, et le juste châtiment d'une
odieuse complication d'ambition d'imprévoyance et de mé-

Quelques journaux annoncent à cette expédition une issue qui prouverait combien était incomplète la combinaison au service de laquelle elle a été mise. Espérons que la diplomatie saura ne pas
compromettre l'honneur des armes françaises.

chanceté. Gardons-nous d'insulter à la longue patience du cabinet de Londres : sans elle, cet abîme de maux serait peut-être ouvert, et nous n'éprouverions que des regrets superflus, en calculant qu'il faut cent fois moins du sang et de la sueur des peuples (1), pour fonder en Orient la paix de la chrétienté, que pour en ébranler toutes les existences politiques et particulières. Quand de si grands et si récens exemples montrent qu'il n'y a d'avenir assuré que pour la justice et la modération, quelques mois de sagesse et de concorde seraient-ils refusés à quatre monarques respectés, pour consacrer le bonheur de l'Europe, et sceller, pour les générations futures, la sainte alliance des peuples et des souverains !

La sagesse et la concorde !.... Nous aussi, citoyens obscurs, nous pouvons le demander à l'auteur de tout bien pour les puissans de la terre ; et quand nous considérons par quel enchaînement de circonstances uniques dans l'histoire, la Providence a fait coïncider l'agonie de la puissance ottomane avec l'accord d'intérêts et de vo-

(1) Il est impossible de prononcer ces mots sans remarquer que, dans ce moment, la France, l'Angleterre, l'Autriche, la Russie, se préparent à des emprunts dont les produits sont destinés à se faire réciproquement, en temps utile, le plus de mal possible, et dont le premier effet serait de diminuer le crédit de chacun de ces États. Si, au contraire, une intervention loyale et commune établissait un nouvel ordre en Orient, les frais pourraient en être faits sur un emprunt infiniment moindre, contracté par le nouvel empire : cet emprunt, fût-il garanti par les grandes puissances, bien loin d'altérer leur crédit, l'éleverait au plus haut degré. La question financière est la moins importante de celles qu'embrassent les affaires d'Orient ; mais elle a l'avantage de pouvoir se réduire en chiffres, et de réfléchir pour ainsi dire toutes les autres.

lontés le mieux cimenté qui ait jamais existé entre les peuples chrétiens, nous ne pouvons nous défendre d'espérer que le moment désigné par le concours de tant d'événemens ne sera pas perdu.

FIN.

www.ingramcontent.com/pod-product-compliance
Lightning Source LLC
LaVergne TN
LVHW010337030726
842520LV00004B/1513